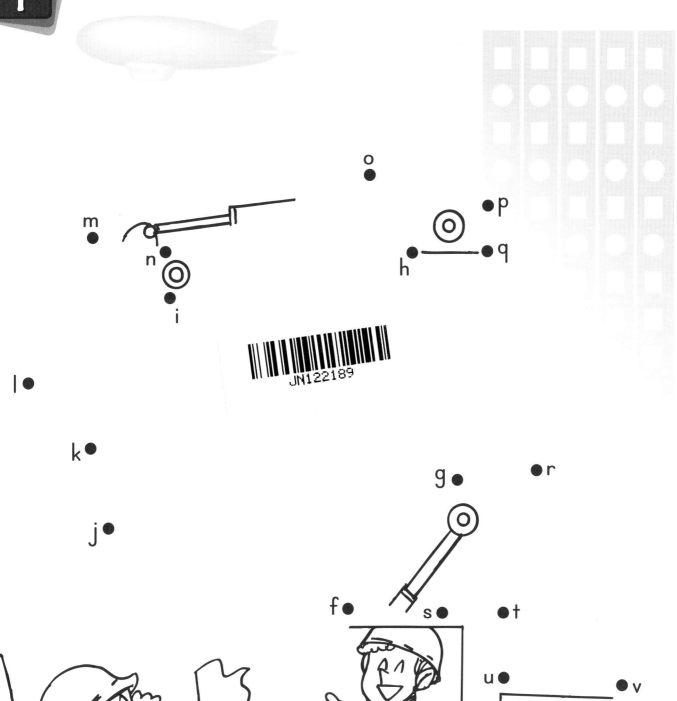

● Color the alphabet.

a yellow b blue c red d green e yellow

f blue g red h yellow i blue j red k green

l yellow m blue n red o yellow p blue

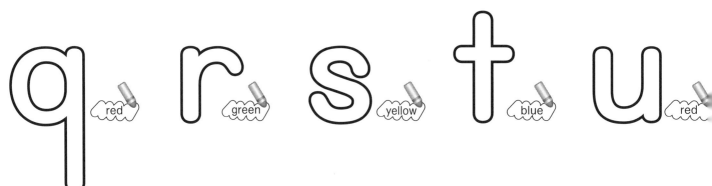

q red r green s yellow t blue u red

v yellow w blue x red y green z blue

⦿ Listen to the teacher and connect the dots.

Connect the lower-case and upper-case letters

1

a	F
b	C
c	A
d	E
e	B
f	D

4

s	X
t	U
u	W
v	T
w	S
x	V

2

g	H
h	L
i	K
j	I
k	J
l	G

5

y	F
z	B
f	Y
b	E
k	Z
e	K

3

m	P
n	M
o	O
p	R
q	N
r	Q

6

o	T
q	Q
j	P
t	O
p	G
g	J

Name of lower case

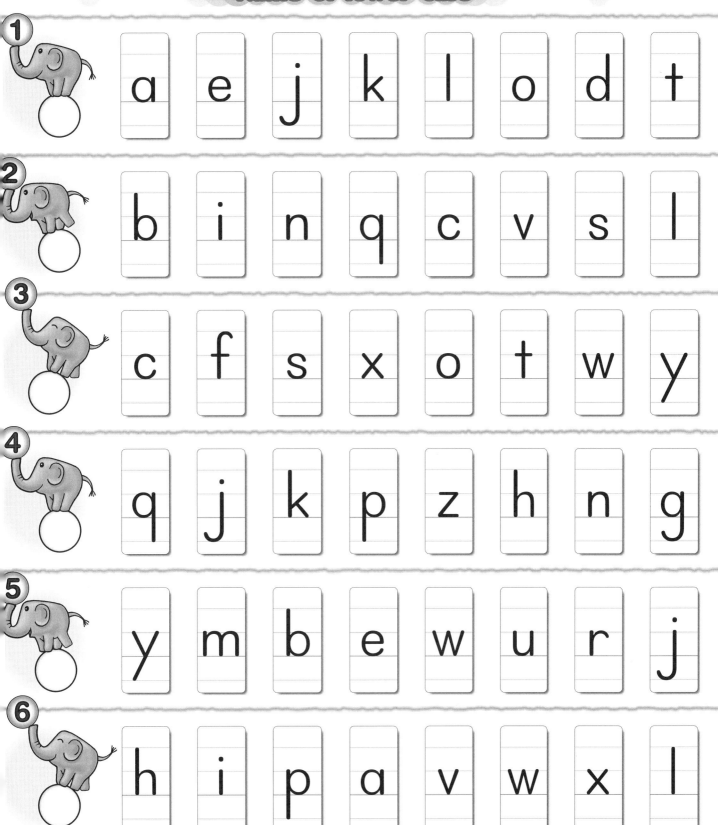

1 a e j k l o d t

2 b i n q c v s l

3 c f s x o t w y

4 q j k p z h n g

5 y m b e w u r j

6 h i p a v w x l

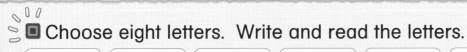

Choose eight letters. Write and read the letters.

⊙ Say the letters and check the circle.

Name of upper case

1   A O J K L E S T

2   B I G Q C V D L

3   C F E S U D W Y

4   Q J K P Z H N G

5   N M B Q P U R Z

6   H R M B V W X I

◼ Choose eight letters. Write and read the letters.

Connect the pictures to the letter and write the alphabet.

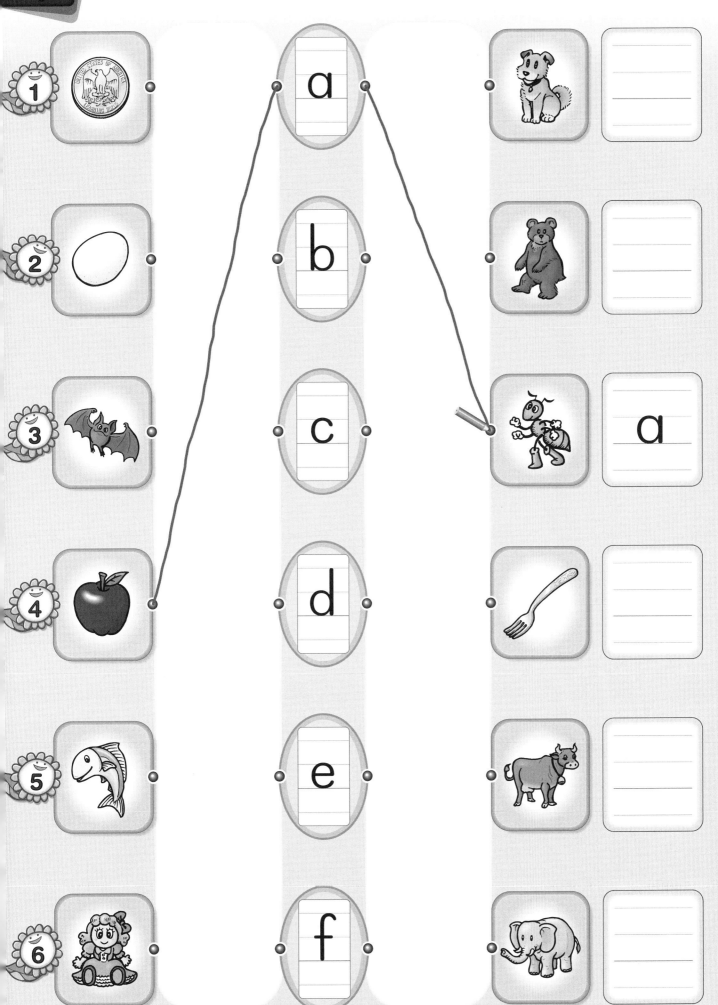

a

Lesson 8-1

◉ Connect the pictures to the letter and write the alphabet.

14 · · n · · (octopus) [____]

15 (orange) · · o · · (rabbit) [____]

16 (ring) · · p · · (notebook) [____]

17 (nest) · · q · · (santa) [____]

18 (sun) · · r · · (shirt) [____]

19 (queen) · · s · · ? [____]

9

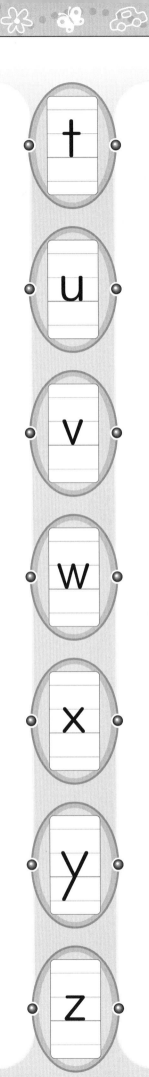

20

21

22

23

24

25

26

t

u

v

w

x

y

z

Lesson 9

⊙ **Write the first letter.**

a b c d e f g h i j k l m

1
a

2
_____

3
_____

4
_____

5
_____

6
_____
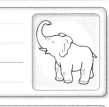

7
_____

8
_____

9
_____

10
_____

11
_____
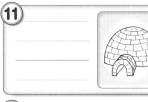

12
_____

13
_____

14
_____

15
_____

16
_____

17
_____

18
_____

19
_____

20
_____

21
_____

22
_____

23
_____

24
_____

25
_____

26
_____

27
_____

28
_____
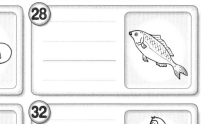

29
_____

30
_____

31
_____

32
_____

33
_____

34
_____
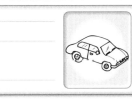

35
_____

36
_____

37
_____

38
_____
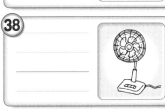

39
_____

Write the first letter. Write the last letter for "x".

n o p q r s t u v w x y z

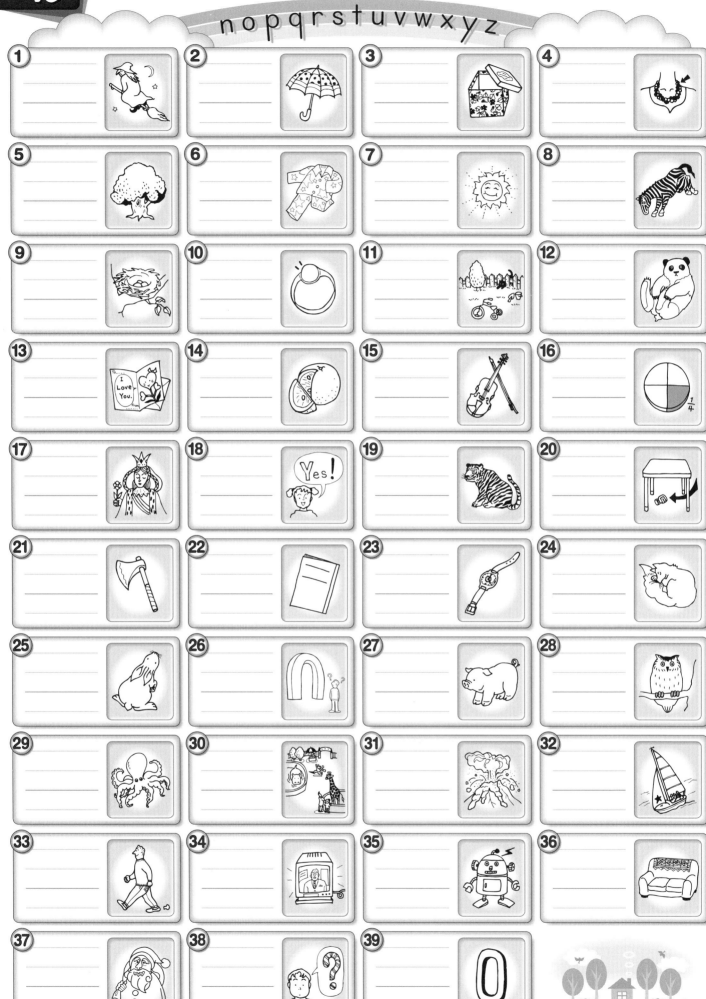

4×4 Alphabet BINGO

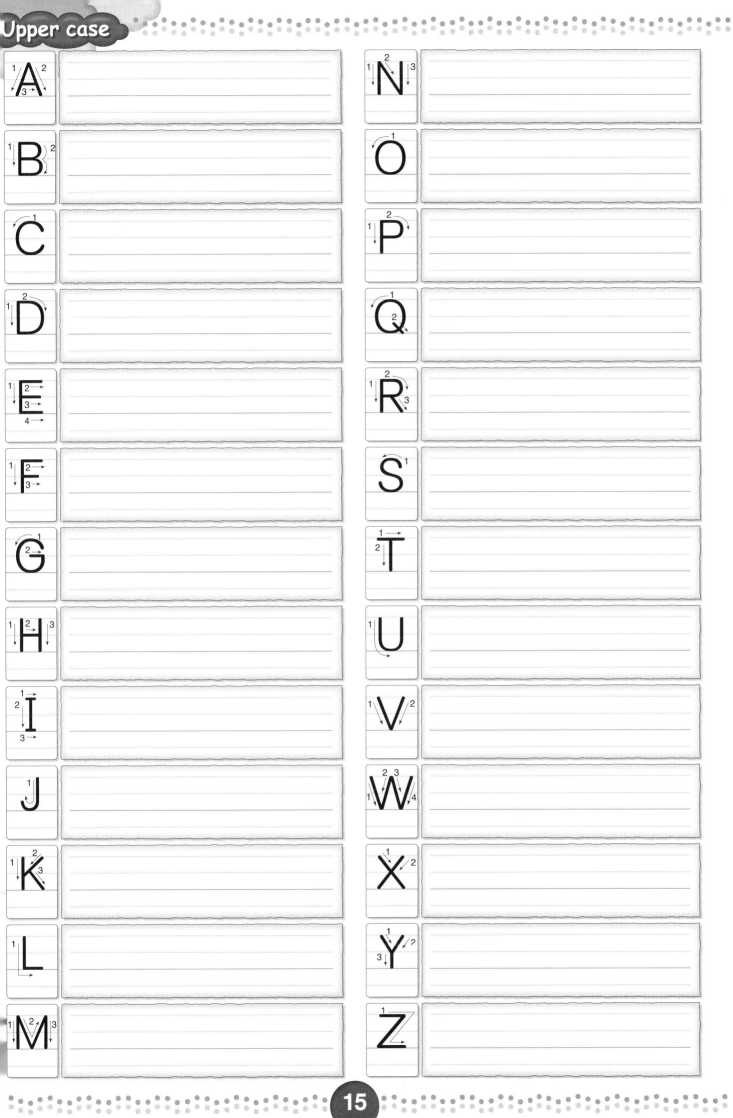

5×5 Alphabet BINGO